I Love Poochons

I Love Poochons

I Love Poochons

I Love Poochons

I Love Poochons

I Love Poochons

I Love Poochons

I Love Poochons

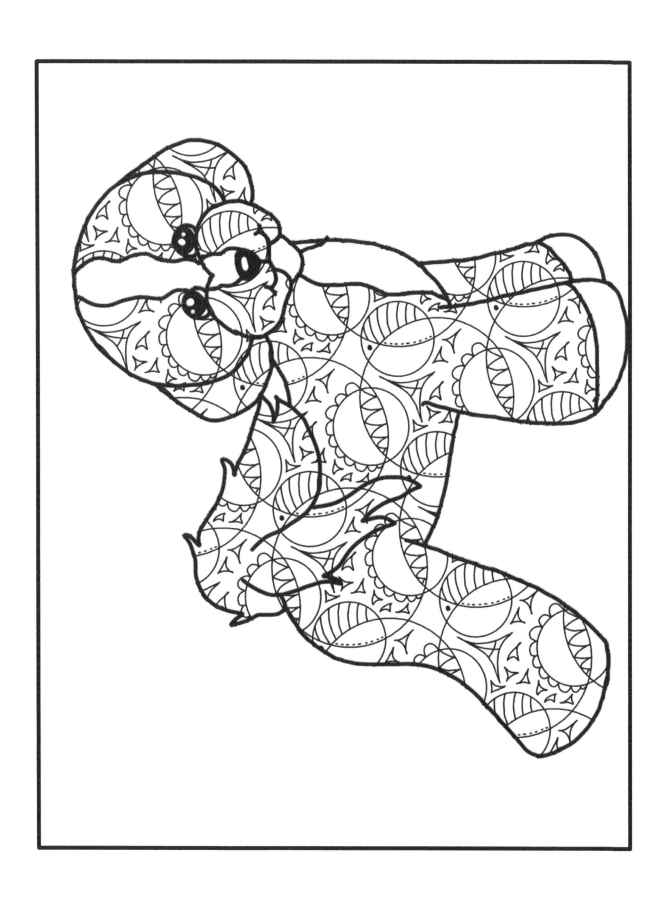

I Love Poochons

I Love Poochons

I Love Poochons

I Love Poochons

I Love Poochons

I Love Poochons

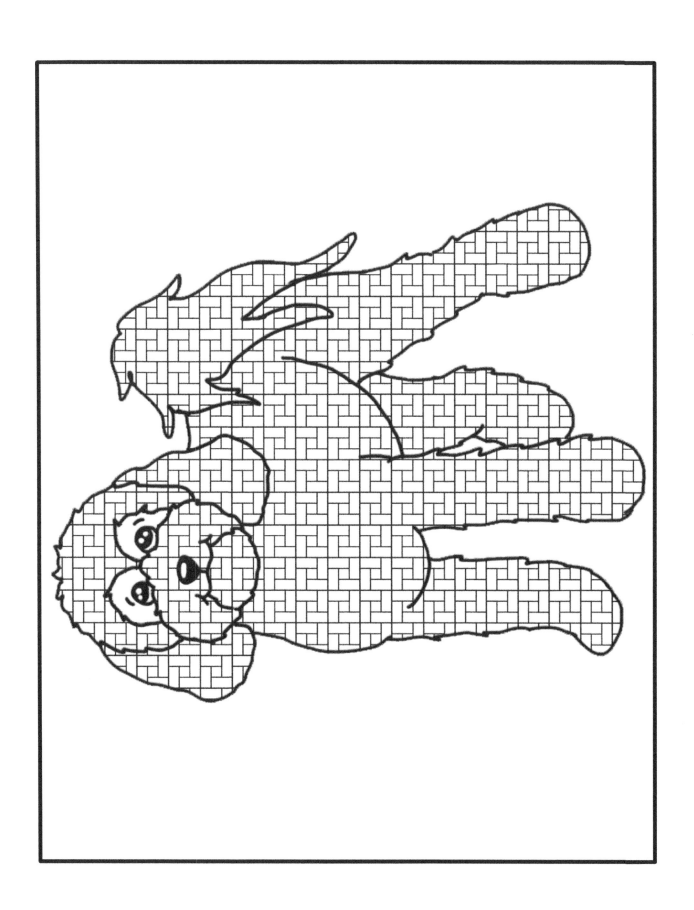

I Love Poochons

I Love Poochons

I Love Poochons

I Love Poochons

I Love Poochons

I Love Poochons

I Love Poochons

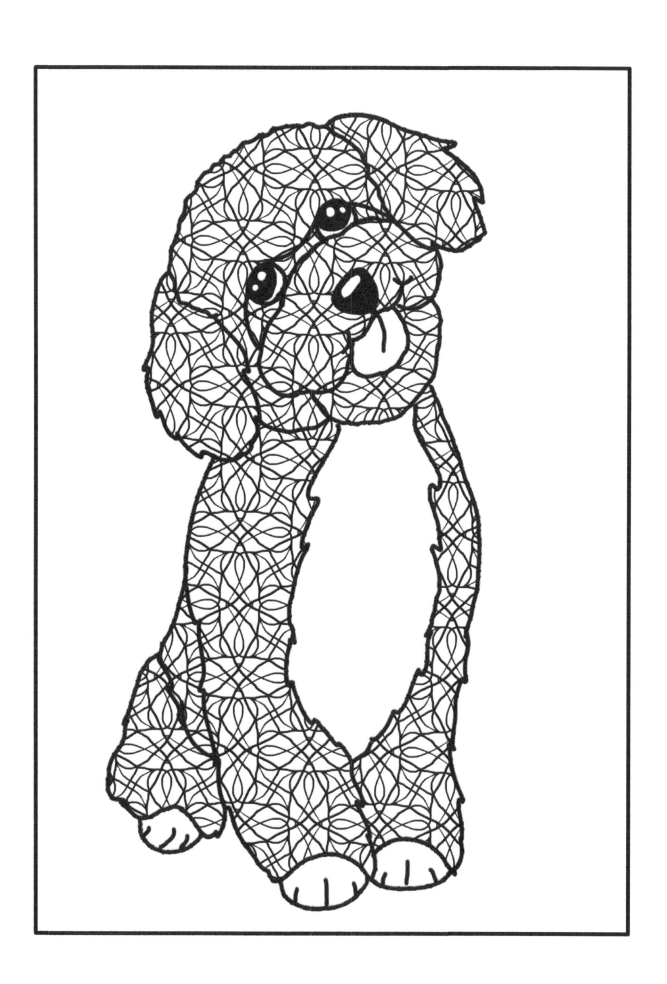

I Love Poochons

I Love Poochons

I Love Poochons

I Love Poochons

Made in the USA
Coppell, TX
06 October 2023

22495783R00031